Omega

Jacques Pierre

Classic Editions
4221 NW 19th Street
Gainesville, Florida 32605
United States of America

Telephone:	(352) 373-4912
E-mail:	hebble@ufl.edu
Internet:	web.clas.ufl.edu/users/hebble/

Second Edition, November, 2012
Printed in the United States of America
and the United Kingdom

The cover photograph was graciously provided by
Richard Freeman © 2012. www.visualquotations.com

Special thanks to Kat Betz for technical assistance

Library of Congress Cataloging-in-Publication Data
        Omega / Jacques Pierre
        Introduction / Josaphat-Robert Large
ISBN 10: 0-9765196-4-X
ISBN 13: 978-0-9765196-4-5

I. Pierre, Jacques, 1970.

Key words:
1. Haitian Creole poetry. 2. Haitian Creole proverbs in
poetry. 3. Pwezi. 4. Pwovèb an pwezi.

Omega
Jacques Pierre

Classic Editions
Gainesville, Florida
2012

Mèsi

M ap di tout Ayisyen, gason kou fi, mèsi pou tout èd yo te ban mwen pou m te ka ekri liv pwezi sa a. Se nan bouch yo m te jwenn tout pawòl sa yo pou m te ka di, nan fason pa m, sa m panse sou lavi nan peyi m, ansanm ak sa k ap pase kèk lòt kote sou latè beni jodi a.

Pou tout etidyan ki te suiv kou kreyòl mwen yo nan plizyè inivèsite ameriken (Indiana University, Florida International University ak Duke University), m vle di yo mèsi pou tout ankourajman, san yo pa te menm konnen, m te jwenn nan men yo pannan m t ap ekri liv pwezi sa a. Enspirasyon m te jwenn yo te soti nan je yo, vizaj yo, nan demach yo, nan devwa yo, nan bèl deba yo te fè nan kou kreyòl yo, epi ak bon jan konpòtman koutcha yo tout te gen. M p ap janm bliye tout elèv nan « Collège des Sœurs de la Charité de Saint-Louis de Bourdon » ki te suiv kou kreyòl mwen yo tou. Ayibobo pou nou tout!

M vle di tout moun nan fanmi mwen (Précieuse Magloire, Ulna Pierre, Irène César, Dieuseul Jean-Baptiste Pierre, Darnèle Ramonde César) mèsi pou tout jefò yo te fè pou ede mwen vin moun mwen ye jodi a. M pa ka bliye de twa bon zanmi m te grandi ansanm ak yo (Rousseau Charles, Eddy Raymond ak Lucien Voltaire) ki toujou la pou sipòte mwen.

Yon kokennchenn mèsi pou tout kolèg sa yo—Laurent Dubois, Deborah Jenson, Guy Uriel-Charles, Kathy Walmer, Jean Casimir—ki toujou sipòte m nan tout travay mwen, e ki pa janm bouke travay nan non Haiti Lab pou bay tout moun yon chans pou apresye istwa ak richès kiltirèl peyi d Ayiti.

Pou fini, m pa ta ka pa di Jane Guffey-Pierre, mèsi pou tout sipò, fòs ak ankourajman li toujou ban m, pou m kapab kontinye ekri.

Sa ki nan liv la

Omega: yon chelèn
Josaphat-Robert Large

Lang kreyòl la ap mache, l ap vanse a gran pa, l ap vale teren nan jaden mèvèy literati ayisyen an. E se yon bèl bagay. Nan dènye ane sa yo, se pa de maniskri m pa resevwa pou m apante. Pi souvan, nan filyè lekti m, lè satisfaksyon pa anvayi lespri m, mwen mande otè yo pou yo kontinye sakle ak wouze jaden an anvan pwodui literè a gen lisans pou l pran lari. Men, lè m tonbe sou yon travay ki satiyèt lakontantman mwen tankou jan *Omega* fè li a, m mete lespri m an kat pou m ekri yon prefas.

Sa gen lontan depi mwen pa feyte paj yon liv kote m dekouvri yon modènite nan wotè sa a. Yon travay kote m jwenn yon nouvote literè lakay yon powèt. Pou m klouwe pawòl mwen yo, m ap pran egzanp yon sitasyon Paul Eluard, ki dapre sa m panse, se yon deklarasyon piblik nan papòt pwezi modèn sireyalis Andre Breton yo t ap plante—nan lespas literati franse a. Ak tout fòs vwa powèt li, Eluard te di: « *La poésie doit être faite par tous. Non par un.* » « Se tout moun ki pou ekri pwezi. Pa yon sèl » (Tradiksyon pa mwen).

Enben, nan prezantasyon powèt la fè pou *Omega*, li kouche de twa pawòl ki mete prensip Eluard a an pratik. Pawòl sa yo montre kote tapisri powetik ki etale nan rekèy li a soti. An nou tande powèt la : « M ap di tout Ayisyen, gason kou fi, mèsi pou tout èd yo te ban mwen pou m te ka ekri liv pwezi sa a. Se nan bouch yo m te jwenn tout pawòl sa yo pou m te ka di, nan fason pa m, sa m panse sou lavi nan peyi m, ansanm ak sa k ap pase kèk lòt kote sou latè beni jodi a. Pou tout elèv ki te suiv kou kreyòl mwen yo nan plizyè inivèsite ameriken […], san yo pa te menm konnen […] enspirasyon m te jwenn yo te soti nan je yo, vizaj yo, nan demach yo, nan devwa yo, nan bèl deba yo te fè nan kou kreyòl yo […] ».

Kidonk, sous ensiprasyon powèt la, se nan mache chèche nan chimen lavi a li jwenn li. Se kòm si se tout Ayisyen ak tout Ayisyèn ki ekri liv *Omega* a, se kòm si se etidyan—ayisyen tankou etranje—ki benyen nan bèl dlo fre larivyè kilti ayisyen an, pandan yo t ap swiv kou kreyòl powèt la. Tout etidyan sa yo gen yon patisipasyon aktif nan fabrikasyon rekèy powèm kolektif sa a ki rele *Omega*. Nou kapab di tou, nan menm kout volan an, powèt la rankontre ak teyori Roland Barthes la, ki fè yon michan etid sou enpòtans esperyans lavi yon ekriven gen nan devlopman estil li. Se nan menm etid sila, Barthes pale de pliralite ki karakterize yon travay literè (pwezi, woman) kote lavi ekriven an jwe yon kokenchenn wòl nan dewoulman tèks la.

Menm nan chwa tit rekèy la, *Omega,* m kapab pran libète pou m di, yonn nan konotasyon tit la sijere, se yon ale vini ki fèt nan nannan kilti pèp ayisyen an, yon pwomennen chèche ki rive jouk nan bout kilti a, nan ekstremite li, pou rekòlte tout eleman enpòtan ki vin pase nan paswa enspirasyon powèt la, anvan yo eklate nan yon bèlte powetik nan paj liv la. Tou sa, pou fè lektè yo plezi. *Omega* se dènye lèt alfabè lang grèk la, ki, tankou nou konnen, se sous anpil mo ki rantre nan fòmasyon anpil lòt mo nan divès lang. Epi, fòk nou souliye tou, se yon lengwis ki ekri rekèy *Omega* a. Tou natirèlman, lengwis la sable rekèy la ak yon bon jan katapoli semyotik. Tankou powèt-lengwis la te byen di li, l ap prezante reyalite a nan jan pa l. Enben, m envite lektè yo pou pwofonde sans powèm yo sou aks paradigmatik ak sentagmatik jan mwen te fè sa, pou m te rive pran sans chak grenn powèm yo.

An nou retounen sou keksyon pliralite Roland Barthes pale nan etid li a, e ki jan nou jwenn pliralite sa a laye kò l nan tout lafèy *Omega* yo. Wi, an nou fè yon bak sou volan lekti a, pou n voye yon lòt kout je sous enpòtans pliralite sa a ansanm ak kote sous li pran nesans. Powèt la tande ak zorèy pèp ayisyen an, li wè avèk je elèv li yo. Se tankou powèt la mete yon kamera nan je chak moun, epi li mande yo filme tout rakwen peyi a pou li. Kon sa, tout moun alawonnbadè tonbe filme nan domèn pa yo: mizisyen, menm mak! Chofè kamyon, 50 kòb 2 gouden! Machann sara, idèmeyadèmidèm! Politisyen, menmman parèyman!

E se rekòt fim sila yo ki pèmèt otè a eksplore tout domèn chan sosyal peyi a; epi tou, se menm fwi rekòt ranmasaj kamera sa yo ki alabaz richès tematik pliryèl ou jwenn nan *Omega*. Sependan, fòk nou ensiste sou bò pa nou sou avètisman powèt la fè nan prezantasyon li a: « M ap mete yo nan jan pa m ». Ki fè, se la, lengwis-powèt la pran plim li, li pran penso li, li pran pensèt li, pou l akouche yon estil inik, yon apwòch estetik m potko janm wè nan yon tèks nan lang kreyòl ayisyen an.

Mwen ta swete ak tout kè m, ni lektè, ni kritik ki pral laye je yo nan chan richès rekèy la, dekouvri menm jan avè m kalite mèvèy asosye ak modènite ki mete *Omega*, selon mwen-menm, nan yon nivo kote pa gen anpil rekèy nan lang kreyòl ayisyen an ki rive la.

Konnye a, lektè m yo, tout senn se pa. An nou fè yon plonjon nan mitan *Omega*, nan nannan tèks la menm pou n chita sou kèk nan tèm yo. Kon sa, n a rive pwofonde bijou pliralite ki gen nan rekèy la pou n rale monte de twa bèl vè ki va ilistre tout sa nou sot di yo la a. Men vè ki rete kwoke nan memwa nou pandan nou t ap eksplore ak apante rekèy la ak bon jan jalon:

1. Ale vini nan chan sosyal peyi d Ayiti

> *Fabrikan malè sou moun tout kote*
> *timoun mouri vyole anchennen*
> *bonbadman sou inosan yo*
> *poud sou poud pou detwi sèvo [...]*
> *silans tounen kle senbòl lajistis* (Adjewidan)

Nan vè sa yo, pèp la prezan ak malè l yo, anba « bonbadman », epi:

> *zòt ak labib nan men yo mande lanfè pou yo*
> *politisyen do kale deklare yo awoutsay.* (Adjewidan)

9

Kamera otè a mete nan je pèp la fè nou wè, klè kou dlo kòk: maspinay sou do pèp la soti tout kote; ni kay "moun k ap pale ak labib nan men yo", ni "kay politisyen" k ap voye pwomès monte.

2. Travay lengwis la

Lengwis la antreprann yon sizlay ki fè pawòl pèp la vin chelèn. Metriz plimeyank lengwis la kite yon anprent sou chak mo, nan chak gwoup vè ki konpoze rekèy la. Ann tande otè a, lè li mande pou bay lang kreyòl la plas li merite:

Babèl

Babèl pa malediksyon
men se benediksyon
anpil lang anpil kilti
ala bèl sa bèl

Douvan Babèl pa gen lang ki ba
sa ki pale yonn de twa se fèt
sa ki aprann de twa se bèl

Douvan lenjistis lang dwe pale
douvan esplwatasyon lang dwe rele
douvan lamizè lang dwe mele
san sa kout lang fèk kare pote n ale (Babèl)

Lengwis la montre jan li bon jan zanmi aliterasyon, yon pwosede estilistik anpil otè modèn itilize—ki jwe ak repetisyon kèk fonèm osnon konsòn nan yon fraz—pou jwenn yon efè ki sonnen byen lè yon dizè ap resite powèm ki gen glisad aliterasyon ladan yo. Ann siyale de twa nou jwenn:

Yo fè sèvi dekorasyon tèt gato diskou lespwa a
ki makiye ak yon lafwa san fwa (Amagedon)

10

Tande yon chelèn k ap depale ak fòs lajwa
se tankou yon kap k ap paweze nan lè
san krent fè piyay toutotan mèt li pare
pou bay zikap ki antre jis nan zizi (Chelèn)

Vè sa yo byen sable ak poli, sitou 2 dènye yo "san krent fè
piyay [...] pou bay zikap ki antre jis nan zizi", ki chita nan
fen powèm ki rele « Chelèn» nan.

Baboukèt la gen gou lèt rakèt
poutèt nenpòt bèt ka toudi w ak yon souflèt (Baboukèt)

Tèminezon « -èt » la parèt 15 fwa nan powèm ki rele
« baboukèt », la. Alòske se 6 vè sèlman ki gen ladan li.

3. Iwoni

San eseye fè moun ri, tankou anpil otè ki pran kreyòl la
pou yon lang komik, iwoni lakay powèt la fè w wè absidite
ki jayi ase souvan ak konpòtman nou nan mitan kominote
yo. Men kèk egzanp:

Woulo konpresè a deside chanje kaptenn nan
katon wouj pou tout deyina ak rat do kale (Lobo)

[...]
Sa k deyè ret deyè
pèsonn pa di yon mo
yon jou voum nan va pete
lè sa tout voum p ap do
Apa li! (Mizerere)

Nou chak g on randevou
anvan lontan ki fòse n a lè
pou n pa rate vòl ensiswatil la (Randevou dènye bout)

Jou lamizè transfòme l an sounami
se rèl kay Makorèl (Sounami)

Nan voye imèl tanbou de bounda pou sove nanm yo
Ala tray pou moun san yo tounen dlo douvan favè! (Zo kle)

4. Lanmou!

M te konnen lanmou gen pou jwe yon wòl enpòtan nan rekèy *Omega* a. Nan pliralite ki fòje nanm rekèy la, li ta enposib pou lanmou pa ta gen yon prezans kòm sa dwa. Epi, fòk nou sonje tou, nan bèl kilti nou an, lanmou jwe yon wòl wololoy nan chan aktivite sosyal yo. Li prezan nan tout kont, li fofile kò li nan tout istwa, nan tout pwezi. Nan chante menm, se pa pale! Kidonk, se nòmal pou lengwis la pran penso l, plim li, pou l mete keksyon lanmou an sou lafèy, ak vè sa yo m al deniche, pandan m ap li:

Je nan je bouch nan bouch men nan men
pa gen ase non gate pou ta gate yo
cheri kòkòt tchouboulout boubout
djal ti kè dou chouchou doudou... (Bèlte lakay)

Ou se choublak ki leve gran jou
nan jaden lanmou lajwa
kote tchè w ak pa m mare kou chou
nan mitan fèy choublak san blag (Choublak)

Kote kap ou fèk kannale pran van
tout lèz mwen se gade w
k ap ateri nan yon vitès san mil a lè
kote si m pa krab kò m anba w
se kakas mwen ka rete (Siwolòja)

Mezanmi, m di twòp, m fouye twòp. Li lè pou m retire kò m, epi kite espas pou lektè yo dekouvri mèvèy ki nan liv la pou kont yo. Men, anvan m ale, fò m di ki jan rekèy la fèmen lafèy li. Enben, se ak yon ja chaje ak pwovèb, yon djakout pwovèb, yon katafal bèl pwovèb, pwovèb ki

12

akouche lòt pwovèb, piske chak fwa yon pwovèb fini, pwochen an anchennen ak menm mo a. Ki fè, tout seri pwovèb sa yo lage tankou yon fedatifis siyifikasyon nan fen rekèy la, epi tou tankou yon limyè ki deplwaye, douvan je nou, tout mèvèy kilti ayisyen an gen nan nannan li. Anfen, se ak yonn nan pwovèb sila yo m ap mete yon pwen final nan prefas la.

Moun ki swe pou ou, se pou li ou chanje chemiz!

—Josaphat-Robert Large, Jiyè 2012

Bibliyografi

Barthes, Roland. 1953. *Le Degré zéro de l'écriture suivi de Nouveaux essais critiques.* Paris: Seuil.
Barthes, Roland. 1973. *Le Plaisir du texte.* Paris: Seuil.

Omega

Ω

Adjewidan

Fabrikan malè sou moun tout kote
timoun mouri vyole anchennen
bonbadman sou inosan yo
poud sou poud pou detwi sèvo
mo kriminèl pa site pou sila yo

Sanksyon pou kèk gras pou lòt
kout jounal pou yon ponyen dekorasyon pou yon katafal
avilisman pou nou grad Doctor Honoris Causa pou zòt
silans tounen kle senbòl lajistis

De gason oswa de fanm poko fòme yon pè
jouman ak gwo pawòl fè yo esplikasyon
zòt ak labib nan men yo mande lanfè pou yo
politisyen do kale deklare yo awoutsay
etikèt kriminèl san fwa ni lwa tonbe sou yo
anpil bouch ak tout volonte ret bèkèkè

Leta tounen chwal papa depi ayè
kout milyon sou do mizè ap fèt
timoun ap mouri poutèt yon ti dòz vaksen
lekòl sante manje tounen lò ak dyaman
mo kriminèl pa pou sila yo ki mare kat la
Adjewidan!

Afresite

Anba kout zore depi nan zile Gore
lakwa rapouswiv nou pye pou pye
papòt rèv madichon move zangi
gwo venn nan lakou san jeretyen

Zòt kou sansi mare n kou krab
kote si n ta malè krab kò n
se fas pou fas ak mouche sèkèy
kou zwezo yo pran nan tèt se pentad

Brave lavi ak lakwa se menm tenyen an
paske nou pa janm asiste tiraj
ale wè pou n ta plenyen pou revè
afòs tout boul nan kalbas la se malatchonn

Amagedon

Douvan yon mantalite ki koukouman laverite
enpi ki pa kouche nan okenn lafèy
kè plen ak repiyans tounen sèl pwa senkant
sou lestonmak dènye tchovit nan lakou plètil

Amagedon parèt klè kou dlo kòk
sèl grenn zèl kat vè di tè ki ge yo
ka mete nan kabarè a pou balanse ekwasyon
vitam etènam nan san fòs kote

Amagedon kanpe kòm sèl grenn lavman jilèt
pou fòse sousèt kouraj yo pran men yo
si yo pa vle tonbe nan men men ti lezany
yo fè sèvi dekorasyon tèt gato diskou lespwa a
ki makiye ak yon lafwa san fwa

Awoutchapatcha

Tout non ki pa kole ak diyite se pou yo
kite lakay poutèt twa mare kat pou ateri
lakay papa Desalin pou jwenn lalin
sèlman yo-menm ki konn sa yo pran

Sa ki pase pou krèm lakay pa janm asepte yo
sila yo ki pran plas lèt la depi lanmò Lanperè a
pa derefize okenn alyans ak yo kont mouche kafe

Dekrè sou dekrè pran pou te depatcha yo
ti pil gwo pil monte pou mete yo awoutsay
dife pay mayi kakarat dèyè bwat fo mouvman
poutèt palmis toujou anmè nan bouch malfini

Chak gouvènman ki kore yo tou kore l
yo pran fòs jouk yo tounen sèl grenn fòs
ki gen fòs pou achte nanm tout nasyonalis krapo
antan y ap lèz kò yo sou do tout malerèz

Deyò nou kafe anndan nou lèt
sa n sibi se nou ki konnen l
sa n fè se nou ki konnen l tou
vle pa vle kote nou fè byen n ak ki fè n byen
gen mak fabrik li ak tou dlo beny li sou tout kò nou
paske nan benyen toutouni pa gen kache lonbrit

Ayiti

Ayiti jodi pa fouti Ayiti demen
dènye men gen pou met men
pou tanmen yon demen nan renmen
kote limyè va mennen n sou tout chimen

Soti nan gran wout
janbe nan bretèl
ateri nan karetèl
depi se men va kontre
pou kwape dènye lanmen
ki soti nan men sa ki sèvi ak de men yo

Boulvès molès tristès
va gen pou kraze rak lakay
vè di tè ki gen kè nan men
va ranmase kouraj yo ak de men
pou kwape dènye fòs chay
paske men anpil chay pa lou

Babèl

Babèl pa malediksyon
men se benediksyon
anpil lang anpil kilti
ala bèl sa bèl

Douvan Babèl pa gen lang ki ba
sa ki pale yonn de twa se fèt
sa ki aprann de twa se bèl

Douvan lenjistis lang dwe pale
douvan esplwatasyon lang dwe rele
douvan lamizè lang dwe mele
san sa kout lang fèk kare pote n ale

Baboukèt

Baboukèt la gen gou lèt rakèt
poutèt nenpòt bèt ka toudi w ak yon souflèt
si w pa ret karèt douvan tout tèt san etikèt
jis ou jwenn yon fenèt ak yon mèt rakèt
pou lage w anba pye sabliye a pou kèk fèy vèt
anvan sousèt yo fè w rekonnèt ki lè w te fèt

Ban n ki moun

Pawòl ak non se fòs pou kore chanjman
nan yon enstitisyon ki divòse ak misyon l
kote koutay ak desizyon vètij fè lalwa
pou pase tout kesyon ki gen nanm dèyè do

Se fini atò met kesyon an
pote kesyon an nan non l
epi kanpe kin pou poze aksyon

Konnya ann tann pou n wè si l ap kore
lese ale a oswa si l ap kore non l
pou dekouvri tout moun ki dèyè koulis
nan desizyon kontab san fwa ni lwa yo

Bèlte lakay

Anba bèl solèy melanje ak van dou
bèlte lakay pran tan pou konte
tank vizaj yo chak pòtre ak yon lakansyèl
ki près vegle je tout tchoula tizè jòf

Grifòn grimèl marabou milatrès
kayimit chelèn choukoun chabin
ti pòm kajou bèl kreyòl negès...
yo chak grenn merite manyen ak gan
tank gangans yo bay lavi a sans

Yon ti tenyen je bò kote yo chak
se kont pou vire lòlòj tout bon tchoul
ki pa kwè ni nan prita ni nan tchoula
men nan respè ak diyite pou yo chak
afòs yo se poto mitan ak eskanp sosyete a

Je nan je bouch nan bouch men nan men
pa gen ase non gate pou ta gate yo
cheri kòkòt tchouboulo ut boubout
djal ti kè dou chouchou doudoun chou bebi...

Lè n pran san n pou n gade bèlte lakay
se pa de enèji bote ak chenèt yo pa degaje lè yo souri
ki lòt kote sou latè ki gen ase repondong
pou siye kajou sa a san fòs kote?

Bijou

Kwak nou chita nan menm pasrèl
pye n pa fouti kwaze
nou fè ale vini nad marinad
lè n fas pou fas biliwin nou monte disèt wotè
afòs kè nou bay larezon do

Lè kabès nou pale se pwoblèm
nanm nou pankò soufle
solèy kont pou leve
kwak sa mank kouray anvlope brenn nou
tankou chat yo pran lang li

Kraze kite sa kont pou lakòz kè n anfle
evite yonn lòt se solisyon kabès
papòt laperèz teledjòl tiyogann
n ap kannale sou wout kwètmakwèt la

Ann pran wout zanmitay la
pase n kontinye ap pran woulib
sou wout dous pou dous la
pou evite remò dèy ak repwòch
paske si n te konnen toujou dèyè

Bisantnè

Se nan bouch grandèt
nou te konn tande fete Bisantnè
lè Bisantnè te Bisantnè

Pa kwè m manti
ann mande Flè Dizè ki konn Limàn Kazimi
nou lonmen non l nou pa detounen l
l a pale n nou-menm ti lòjou
ki sa k te Bisantnè

Konnen laj Bitsantnè
se yon kastèt chinwa
se pa mal kalkile
si n di li gen de san lane
antan l ap kouri sou
lane de mil kat ak tout boulin

Antouka kit sa k te konnen Bisantnè
kit sa k pa t konnen Bisantnè
si n g on okazyon pou n fete l
ann pran chans konnen l
san n pa blije vin Pòtoprèns
Domaj fèt la bwè pwa!

Bòtpipòl

Gou lavi lèt rakèt
pouse dènye badè goumen
ak reken nan pwòp dlo sèl li
poutèt yo dèyè yon grenn sèl nan lavi a

Konn djo ou pa
kote n arimen anba lakal la
nou la pou menm kòz

Chak kout godiye kanntè a
se kè kontan pou bèt nan djo
ki deja kare kò yo pou lage
dènye kòt fanmi ak djo nan je

Brasewòs

De bra balanse san lespwa
wout kann nan rale yo
afòs lavi kouri lwen yo
zafè kabrit pa zafè mouton

Sa yo vann sa yo pote
se pwoblèm pa yo
imilyasyon kou chen
masak an mas san parèy
tou sa pa briding zòt lakay

Yo pran nan yon wout sans inik
san papye san idantite san dwa
dènye moun bliye yo kou Lanperè
naje pou soti sa w pran se pa w

Zotobre zile a ap brase
kann nan ap moulen
grinbak ap tonbe
brasewòs yo anchennen
Ala tray pou pitimi san gadò!

Bredjenn

Dan sere dan di pli nan fwon
valab yo poze pou bwè de byè
estil bredjenn nan ap vale teren
disip san gade dèyè ap tonbe

Ra zibit ra mis ra planche
estil bredjenn nan kanpe an dis kat
tout kote se poze poze

Anvan bredjenn yo pèdi denyè fèy yo
ann tanmen jèn ak nevenn pou yo
anvan n adopte filozofi kreyon an
paske kreyon Bondye pa gen gòm

Chapo ba pou Tousen

Tou sen se kon sa Tousen fèt
pòtre yon sen tankou ti lèzany
ki kenbe kò l kou sen nan dòmi

Sen kon sen yon nonm ta ka sen
menm si l ta rele Tousen
li pa ta fouti rete tankou yon sen
ap soufri anba yon sistèm ansasen

Tou sen Tousen òganize
dènye ti sen ki t ap soufri anba yon kòlonn ansasen
pou te ka lite pou yon tè sen
ak yon sistèm tou sen

Donmaj pou Tousen ki te twò sen
ak yon kòlonn ansasen
li pral konnen imilyasyon
chen pa konnen nan yon kacho
kote l pa wè fòs jou

Men se te byen konte mal kalkile
bò kote pa ansasen yo
paske Tousen te òganize dènye ti sen
ki te dèyè l pou liberasyon
tè tou sen sa a te rive fèt

Ki di ki fè
tè tou sen sa a t apral wè jou sen sa a
jou yonn swete lòt larezonnen
antan je yo fikse nan yon bèl bòl soup joumou

31

Atitid tou sen l te adòpte a
t apral rive make dènye moun
kote jounen jodi a ata desandan ansasen l yo
prèt e prentan pou selebre l tankou yon sen
enpi reklame l kòm pitit yo
pou yo rive libere konsyans yo
anba peche kolonizasyon an

Chelèn

Nan lonbraj ou tout kadans lavi a chita
ou pankò leve pye w ale wè pou ta depoze l
lakansyèl deja pwente tèt li pou salye gangans ou
enpi fè wout pou make pa antan w ap fè lèsanpa

Transfòmasyon w lè w ap dedouble
bay imaj yon wozo ki pliye landrèt kou lanvè
k ap pare pou reprann kap li apre pasay briz van
ki tonbe nan fè lago deli ak zòn lakòt nou yo

Tande yon chelèn k ap depale ak fòs lajwa
se tankou yon kap k ap paweze nan lè
san krent fè piyay toutotan mèt li pare
pou bay zikap ki antre jis nan zizi

Chimè

Dòmi leve san goute yon grenn sèl
lakòz san fwa ni lwa yo itilize w
pou yon travay wete nanm nan pwòp lakou w

Nan wete nanm ou tounen yon eskelèt san nanm
ki fè w pòtre tchwè ak yon tèt kanna ki pran nan ma
kote dènye tab ak dekorasyon kouri lwen w
ata tab ou kwè ki rele w chè mèt chè metrès

Chimè manyè wè klè
depi se lè jwèt la santi di
apa lakou foumi ki rete pou po w
kakas ou toujou bat nan gran chimen

Choublak

Ou se choublak lavi m
kit m nan detrès ou pa
annik m gade w m jwenn vèvenn
pou m dangoye ak pwofonde lavi

Ou se choublak ki fè m konn jou
tankou jou ki te premye jou
ki te fè m konn jou anba mapou a

Ou se choublak ki leve gran jou
nan jaden lanmou lajwa
kote tchè w ak pa m mare kon chou
nan mitan fèy choublak san blag

Dafou

Yon mak fou ki gen pou mak fabrik
Janjawid prèt pou kangannen dènye pen
ki tonbe anba fou kòlonn fou yo ap opere
kote tout vè di tè ki la leve sou dan chak jou
tank laperèz enstale l sou lestonmak yo

Sanksyon sou sankyon
potanta motè fou a pa briding
ti mari pa monte ti mari pa desann
afòs sosis la monte an janm de bra
ak yon kwètmakwèt veto komokyèl
k ap fè vwa lamajorite a hi-han-hi-han

Dekriye

Nan nwit de sis tèt anba
zòt pòtre n sou gwo ekran
tankou jalouzi pou dekri pwofondè
zanmitay nou ak ti bèt djòl long lan

Nèg anwo move kon kong
nèg anba pa voum pa pwèt
ou pa ta di yo chak mare sosis yo
ak mouche lawont
pou zòt kontinye monte
pyès teyat sou do n

De mo pou Chalo Jaklen

Kote w pase kote w ye
nan kav oswa nan twou
anwetan machann twal kaki yo
pèsonn pa konnen

Kèk bouch di se nan fi ou mouri
lòt bouch di se nan pwason d avril ou pran
toujou g on dat ak yon koz pou lanmò
san n pa di yon men kache nan peyi tè glise sa a

Pèp la toujou nan pa konn li
kanpay sou kanpay alfa fèt
atò chaje ak tchovit ki pa wè
e plimeyank lakay sèmante
pou tchovit yo rete je pete klere
tank pou kreyòl la taye bannda

Konsyans klè pa bliye nanm ou
anganman ak san nan men yo ap feraye
okenn sant ak pwomosyon pa pote non w
ale wè pou yo ta chante yon mès pou nanm ou

Byasou ak Konze pa bouke mache sou moun
kout dwèt ki se revè Desalin ak Peralt fè kenken
pi fò nan nou se wete trip mete pay
Ala tray pou pèp ki gen dirijan ak rèl do yo pliye!

De mo pou Jak Woumen
ak Jak Estefèn Aleksi

Tout vi n se te pou peyi n
diyite se non n
konviskyon se siyati n
si se te pou nou tè sa a pa t a tè a ankò

Yonn ban n Manwèl pou n konbat sechrès
men pwoblèm lekti kay tout yon klas politik
pran Jèvilyen pou poto mitan pwogram politik yo
ki fè dlo ki se lavi toujou kouri lwen pèp la
antan l ap fè fon chak jou nan yon mizè
ki pa konn zafè limyè vèt ak wouj

Lòt la ban n Ilaryon pou poze pwoblèm pen an
plimeyank tenten vire l lanvè landwat jouk yo kwit li
yon pati ap woule sou lò yon lòt pati sou krizokal
nan mitan rete rèd

Yonn swete dlo a koule pou tout moun nan non Manwèl
lòt la swete solèy la klere pou tout konpè ak konmè
donmaj dlo ak solèy ret privilèj pou yon ti ponyen
nan yon zile ki antoure ak dlo e ki benyen anba solèy

De mo pou Nemou Jan Batis

Mèsi pou boul lò sa ou kite pou nou
tout kote konpa a make pa
se sosyete a ak lang lan ki fè yon pa

Chak bèl kout saksofonn
kay Loubè Ti Blan Mayès elatriye
raple n nanm ou bò kote n

Chak jenerasyon va adapte boul lò a
jan yo kapab san yo pa mete okenn ne
ladan ki pou fè en de a vin mou

Devan bèl pèz marannen ak yayad nan gou papiyon sen Jan
Nou merite di w chapo ba
pou ja sa a ou kite pou tout atis

De mo pou Sakineh

Chak jou ki pase
wòch ap sanble sou non w
pou senyen w epi efase non w
militan fanm kou gason kanpe
pou denonse yon jistis ki chita
sou biswit leta ak kout raso
kwak sa konsènen yo kontinye kouche sou zòrèy yo

Douvan je ti lèzany pa w
imilyasyon w sibi
kont pou te fè w pann tèt ou
zòt louvri lakay yo pou asepte w
rebrikè refize tande pawòl sajès
afòs yo antere nan lojik lafwa pa yo

Se vre lafwa n ka pa kouche nan menm lafèy
men asepte lavi w disparèt anba kout wòch
pa fouti derefize n kwè nan ekriti sa ki fò anpil
« moun ki konnen l pa janm peche a
se pou l ba li premye kout wòch la »

Depoze

Bouch ou pankò louvri
w ap depoze san fouye
afòs w ap layite kò w
nan yon kilti voye monte

Sa m panse sa m konnen pa biznis pa w
m pa ni pale fò ni gen gwo gagann
radyo se ou televizyon se ou

Vire tounen ou fè dekabès nan poze lapat
sou dènye papye lakay afòs ou se wa lank
nan yon sosyete ki chita sou bwi sapat
koze kredi pawòl de grenn gòch blòf
poutèt pa konnen fè eskiz diyite
se peche mòtèl ak kle pòt lanfè

Deran

Soti sou kako
tonbe nan pikè
nan kase koub sou zenglen
talon kikit nou manje
vap milisyen atrap nou
nan makout li
tankou yon fiyèt lalo
enpi men zenglendo ki te
repliye nan baz zopope
livre n ba chimè ki chanje kazak
an rat pa kaka pou lese frape ak
tout grenn nan bounda

Desalin

De sa Lin ap pale a
pa nouvo pou pèsonn
non fondatè a neglije
kou timoun ki bandonnen
sou pay ak anba ravin

Plimeyank istwa zile a
pase fondatè a dèyè do
pou yo pase kon sen
nan listwa ekriti ki tou sen

Non fondatè a pankò nonmen
zago loray trete l je pete klere
pou fèt tèt yo pase pou bouch fen
douvan je vèt je ble elatriye
ki pa ba yo dwa gade yo je nan je
afòs estati yo se konmisyonè

Eleksyon klou gagit

Eleksyon poko fini tou de kan rele koken
beton an cho kay la chaje ak moun
manm lafèy k ap tann rezilta ap plenn
anwo pa konn ki lè anba se pa pale

Rezilta bay nan yon lè bizango
kantite pousantaj pa asiste tiraj
bèf la mande pou kat la rebat
zòt menase koupe viza tout zizizen
chak koukou klere pou je w

Batay la reprann apre syèk
bèf la atake kay la tonbe nan rezistans
deba tanmen bèf la atake pi rèd
kay la sere zam li pou dezyèm mitan
byen konte mal kalkile

Dènye gaspiye chanpou ap bay laprès pinga
jodi a ou tande bèf la pwès kraze kay la
demen ou tande kay la la kanpe kin
tout moun chita sou blòk glas yo

Jou a pwès rive pwolongasyon mete pye
sanble domino a bloke anba mi
kat la mare pase kat kay papa
yonn di lòt bagay la pa fin yès

Anfen rezilta mazanza a tonbe
bèf la kraze kay la plat a tè
gadyen kay la kwè l pran nan yon kout taklata
gadò bèf la pran beton an pou yo

Plenyen nan kay la men prèv pa bay
tòti ki te nan kay la pete kouri soti
mèt kay la rete kwense rèd anndan
bèf la pran lakou a pou l al galvannen
Ayiti Toma se kan w pran ou konnen

Giyon

Kite n kouche listwa n
sou papye ki sanble n
se pa ayè w ap antere memwa n
sou fèy blan tou blan men blan

Ou bwè n kou diven nan dine chanpwèl
ki mele w ak zafè dwa moun nou se ravèt ou se poul
anba men kòlonn ou yo sa n pran se pa pale
ou nye sa nan boukante mwa nesans nou
antan tout trann de w deyò pou selebre
memwa nanm Gore yo san w pa neglije
depòte yo pou kore pouvwa blengbleng ou a

Goudou-goudou

Nan yon pousyè segonn
pousyè kouvri lwès zile a
pitit papa manman zanmi bilding fè yon sèl
tout moun nan petren afòs soukous la rèd
Goudou-goudou!

Gwo palto ou pa ap manje dan
sa ki kwè nan sa ki anlè a
melanje ak sa l pa wè yo
fè sinakwa si yo gen chans
Goudou-goudou!

Pawòl nan lafèy
imaj nan gwo ekran
chita zile a nan salon senk kontinan yo
apredje sou tout fòm ap tonbe
Goudou-goudou!

Kanmarad ou pa
klas sosyal ou pa
koulè po ou pa
lajan ou pa
pa gen anwo pa gen anba
Goudou-goudou!

Latristès enstale l tribò babò
otorite yo pase kouray yo dèyè
sekou nan Ginen
lakay pa janm pare
Goudou-goudou!

Kowòdinasyon tèt chat
fristrasyon kolè krapo
kadav devan dèyè
mò antere san diyite
Goudou-goudou!

Kominote entènasyonal la an demon
tout pwojè zo krab jwenn grinbak
ekspè ak papye kou san papye
deja rekonstwi zile a nan tèt pa yo
Blokotow-blokotow!

Chèz boure a cho
manda dwe pwolonje
konstitisyon pa janm aplike
men fòk li modifye
eleksyon menm si nou anba tant
rezilta goudou-goudou
manifestasyon tribò babò
Kenrenk-kenrenk!

Machin rekonstriksyon an ap vale teren
etid ak ankèt fè kenken
toujou menm moun yo
desantralizasyon mouri nan fim nan
Goudou-goudou!

Lwa fèt ak defèt
pèp la voye pye
demagòg ak patripòch rele
menm tenyen an
Goudou-goudou!

Jan chache, Jan twouve

Jan sou Jan tonbe
lajistis pa fè okenn jan
tout jan n vire tounen
lajistis fè n move jan

Jan Dominik tonbe yon jan sinik
lajistis toujou ap woule sou jant
Jan Klod Lwisen tonbe kou yon sen
lajistis pase l dèyè do poutèt li san senk
Jan Mari Vensan benyen nan san l
lajistis pankò janm pran san l

Jan ale Jan tounen an gran jan
wout bloke lepèp kanpe
lajistis fè tankou l pa wè

Jou pèp la bouke
l ap fè jan pa l
lè sa a jan l pase l pase

Kadav vivan

Nou chita drèt kou jibis
pòtre moun ki pa janm manje sèl
tout sa yo di n nou kwè l
tout sa n wè n asepte l

Kidnapè ap taye bannda
fatra santi sèvi n zanmi
lafimen pwès prèt pou pete je n
kwak sa kon sa nou pè pale
pou n pase pou kraze sa

Ata avèg wè pase n
bèbè depase n nan fason pa yo
tank pou n debou pou n pa ka doubout
nou pa wè plas nou se nan simityè

Katrina

Pasay Katrina montre klè kon dlo kòk
lèt ak kafe a pa janm fin bouyi
lèt la sou bò pa l ap monte ak tout krèm
kafe a ap tann sik la pou brasay la fèt
bouch tire men longè se bon pye k ap sove move kò
privilèj pou laboratwa lèt la pitye pou jaden kafe a
Bondje wè wi!

Kidnapin

Kòk pankò chante yonn ki soti pa rantre
genyen ou pa fòk ou jwenn pou bay
pou rido lanmò pa monte lakay ou
san kadav ale wè pou ta gen chans fè lantèman

Anvan yon fanmi rale souf
sèt lòt te gen tan pèdi souf
kwak twa mare kat
otorite yo ap sib
jouk yonn pa yo pase
anvan yo pran sa o serye

Zòt ki konnen se lè trip pa ti nèg atake
li mete grif li deyò kenbe n nan ren
enpi mare n nan yon ne byen long
antan yo mete n sou djak pou n pa janm sis

Kokorat

Kokorat anwo tab la
kokorat anba tab la
divizyon nan fanmi an
mal sele k ap foule
tankou sa te ye depi sou tan Lanperè

Nan jwèt kwòk a janm sa a
ata sa ki pa menm yon ka plim
ni nan kò ni nan ekriti
gen lavwa o chapit

Podjab pou mouche lepèp
ajans fè mikalaw kon vè sou do l
nan monte pwojè bidon ak sèkèy
pou kondane l ret nan lakou foumi
epi kale foumi tèt kale

Kolera

Yon fòs dlo rale mennen vini byen pwès
mennen bon kou nanm nan peyi san chapo
beton an mande koupab bò zòn Meyè yo pati
zòt mande plis prèv fizi byen brake se fè bak

Ankèt matche kole ak bwi pèp la
dout kay kèk minis ta vle ale
pèp la mande ban n ki moun
ankèt tounen istwa ti Matoun ak Jan Jak

Repons final lage n nan kabouyay
jaden an pa janm bare depi wa te kaporal
chak fòs antre galope nan savann nan
avèk fòs konviksyon l pou fè ne pa l
Anakoje!

Kou sezi

Se te byen konte mal kalkile
lè w t ap blennde Benn
pou benn vwazen l yo
san gad ni douvan ni dèyè
Apa jodi a Benn benn ou sèk tankou yon vye aladen!

Podjab pou pitit kay
ki kwè se mouton dou ou ye
nan jwèt benn m ap benn ou sa
pawòl ki di baton ki bat chen wouj la
se li k ap bat chen nwa a fèk kare gen larezon

Koupe dwèt

Antan douvanjou ap louvri
je n ap pran foto yon bèl mayi ak fèy
dekore ak yon bèl tèt piman bouk
ak de tranch mouche zabèlbòk
Bouch pa ka pa koule dlo!

Antan ladè solèy la ap fè n siy
je n ap vizyonnen tout kalite
lamanjay ki pral fè vant nou djayi
diri kole diri ak sòs pwa mayi pitimi
anba kontwòl tout kalite vyann ki marinen
nan bon jan zepis ak kè kontan
Se djòl loulouz!

Antan tout benediksyon sa yo ap desann
ayovi tonbe mòde lang yo tank yo pran gou
bèl ji sitwon kachiman chadèk kowosòl
san bliye mouche diven pou topi krik
ki gen tout kalite apredje nan men yo
Men sila yo nou neglije a bon vre!

Antan solèy la ap pare pou l kouche
tout blag dijesyon ap bay pou pare wout
pou mouche fritay konsonmen bouyon labouyi
ateri ak konsantman mouche kola koka byè dite
Bon zenzenn!

Antan lanwit melanje ak lajounen
nanm nou pa fouti kite sak fòs nou
anvayi nèt ale anba tout kalite manje
vlengbendeng nan miwa zobop
toutotan mouche ak madan griyo taso tchaka
laloz tonmtonm soup joumou poul peyi ak nwa
pa sispann fè n koupe dwèt nou

Kout kouto a

Laviday san pa san nou yo koule
nan masak la kou dlo mennen vini
k ap kannale desann nan larivyè masak
ak dènye branch pèsi

Timoun san papye ale nan twou
pi fò plimeyank lafèy pa rache yon mo
rad pi fò nan yo rete nan lari
kilès ki pale nan non yo?

Pèsonn pa kondane nan lòt bò a
kout kouto a boule men zòt pa santi l
poud dakdak nan figi pou kache orijin
lakontantman lakay lelit pay de fè
Ala tray pou yon dirijan san klas ak ras!

Kristòf

Sou tèt mòn kote l kanpe kin nan
kalewès ak manfouben pa t kannannan l
nan mete tout sa ki pa o pa sou konpa
ak yon disiplin gason pa kanpe

Kris la fè disip ak mèvèy
ki rale tout mèvèy moun
ki soti nan senk kontinan yo
pou dekouvri mak fabrik zile a

Pou tout ki nan m yo
so lonèkte ak fidelite Wa a
make yo tankou bon kretyen vivan
ki lage nanm yo nan men Kris la
paske yo rekonnèt Kris la tòf vre

Lang nan lang

Depi m ap pale lang pa m
yo derefize tande m
ou pa ta di yo mande m
pou m sèvi ak lang mwen
pou m pale lang zòt
epi pou m ta jete lang pa m
pou m pa pale lang pa m
sèvo m anboulatcha
ak yon pakèt pawòl douvan dèyè
m ap kòl ou bak
watèvè pwoblèm nan
tekilizi bwòdèr ou sef
n ap jès rezoud sa menn
nan chita reflechi nan lang pa m
mwen wè chak fwa m tounen lang mwen
nan lang mwen
se yon pakèt pawòl sibemòl
ak sans k ap deplotonnen tankou
tèt pitit la cho kou vè lanp
si nou pa pale ak tèt nou
nan chita fè tèt rèd
n ap pèdi tèt nou
nan chita wè tèt nou
sèlman nan achte tèt bèf
pou n al file tout jenn ti fanm
ki gen bèl tèt dèyè

Lavimigran

Debake nan yon tè tou bèbè ak razè
tout konplèks vole pou n sa rekoumanse
imaj lakay ap paweze nan tèt nou
men wout la sans inik antre pa soti

Sa k fonse tout bon vre kenbe
sa k fè bèk a tè plenyen men pa regrèt
mit klas sosyal tonbe tout zuzu se de men nan tèt
Adje lavi vre!

Sa k pou pran revanch yo bliye bon sans
tout pawòl pa kanmarad lontan se te jwèt
grinbak ap tonbe lajan rele pe djòl
anba zetwal sa yo tout moun se moun

Sa ki gen kat ap bay kat ak kout kat
kouzen kouzin sè frè se detay
bo sou tèt djòl fè mikalaw
bri kouri nouvèl gaye
sa k pou konnen konnen lapatri an danje
malfini ap vole femèl ak mal mele

Yon je fèmen yon je louvri
bag pase nan men dwat soti nan men goch
lakay rele pa tounen paske pa gen anyen
enben douvan malè tout bèt jennen mòde

Libète

Libète
apa ou nan laviwonn dede
se jodi m ap chache w
men souf mwen kout

Libète ak kondisyon pa bè
libètè lib e libè se plon gaye
lapeti kay Wobè ak Lawous
pou m ta wè lonbraj ou
m te fèk kare fè kout pat

Lobo

Ti tèt la manyen wozèt la pou wè
lèlè ki lè w ap tounen ankò
se sa pi fò sonje
kwak ou jwe sou mo san w pa di mo
pou kouche bèlte lang lan an sibemòl
twa ka topi krik kont ou poutèt se la w soti
menm lè w te gen bèl lè ak tout lanvè tout landwat

Baton pye chèch la pran peyi a
pèsonn pa sonje ou te gen kran
ou te atake potanta nan byennèt yo
klas sosyal kraze w

Yo fè yo voye ban nou
ann nou fè voye ba yo tou
zòt derefize ba w kredi pou pawòl fyète
lantèman w pase tankou pa itil
kèk moun lakay pa bliye w
anpil moun nan Lafrik pa bouke danse w

Yonn parèt li mate yo anba mo sal
yo chante chante l san krent
anvan menm kòk chante
sa ki pou boude boude
men pou lèzòt se lamodènite

Li kouwonnen tèt li prezidan
jous li poze lapat sou chèz boure a
moun kanpe dèyè l san fwa ni lwa
tout sa ki a vwal a motè anbake
tankou l toujou di sa k pa kontan anbake

Vè di tè ki gen ladrès nan wou ak pikwa
anbake nan mesaj li a san gade dèyè
laprès voye pye entelektyèl otchomil ap gade
woulo konpresè a deside chanje kaptenn nan
katon wouj pou tout deyina ak rat do kale

Marèl

Yon ti tak dlo tonbe
granmoun kou timoun nan jwe marèl
pou jwenn riyèl pa yo
kat pa kat ou pa
se atò w nan marèl
tank nou pa makonnen vwa n ansanm
pou n pete yon ma rèl nou fèk kare nan marèl
anba zòt ki se ekspè nan marèl

Mizerere

Lavalas desann
kò san nanm blayi
pèsonn pa di mwèk
jounen vann jounen achte
kòken pete
pèsonn pa note
moun sou moun
ti trip ap vale gwo trip
yon kout tafya isit
yon kout tafya lòt bò
vèvè trase
tout sa k di nan konbit
chanje sou dlo
sa k dèyè ret dèyè
pèsonn pa di yon mo
yon jou voum nan va pete
lè sa tout voum p ap do
Apa li!

Mondyablizasyon

Machin sèt tèt la ap file
nan yon wout sans inik
kote dènye konsyans prèt pou rekonnèt yo
anba kawosi l tank motè li depase yon fòs dyab

Soti nan nò tonbe nan sid
dyab la kanpe sèt longè
ak bouch li byen baye
pou vale depi se mouche lakilti
ki kanpe an kwa kont rèv kache peche sa

Otan

Otan pou vè di tè ki pi piti yo
se pa ayè y ap valse anba mèstin chwal la
gade yo pa t bwè pwa men y ap kaka lapire
san konte teyori klowòks yo k ap prije yo

Mal maske mele ak demeplè
ak doub alyenn kat anba levit yo
pa sispann mare kat la pou rele kat las
lè bwa a mare lakay papa

Donmaj sa k pou ta rele otan
pa fouti di otan pou tchovit yo
afòs mouche koutay se sèl mèt kesyon an

Pawòl bouch

Pa kwè nan tout pawòl bouch
pou pa al nan kont ak zòt
ki panse l la pou vin fè matyè sale
san l pa menaje bouch li

Veye bouch ou ou-menm
san sa se dèt pou dèyè w
ak pou sa k dèyè w
e pou sa k nan dèyè w

Si ou vle jwenn renmèd
pou bouch ou kont pawòl bouch
fouye sajès popilè sa a
« Bouch manje tout manje, men li pa di tout pawòl »

Pwovèb leve tonbe

Fanm se kajou plis li vye plis li bon
Bon chen pa janm jwenn bon zo
Zo w wè nan gran chimen se vyann ki te sou li
Li ak ekri franse pa vle di save pou sa
Sa ki sere pou ou lavalas pa ka pote l ale
Ale nou lèd vini nou bèl
Bèl fanm bèl malè
Malè fè w manyen gran jou sa pou ta manyen lannwit
Lannwit ou pa konn sa k rat sa k chat
Chat konnen rat konnen barik mayi a rete la

Rara

Li ra ra pou antre nan rara
pou pa pran nan mera
ak yon kolonn selera
tout kalib tout kara
tank yo foura
pòtre madanm sara
ki toujou pare pou lewa
si ou pa konn pou ki sa ou la
se ra se ta
ou tou la

Randevou dènye bout

Yon rèl pete
yon kòd kase
yon kè rete
lafanmi an zing de kontraryete
depi kote solèy la kanpe
jouk kote l kouche a
nou chak g on randevou
anvan lontan ki fòse n a lè
pou n pa rate vòl ensiswatil la

Rasta

Pa trete n dapre jan n pale
pa jije n dapre chive n
pa kritike n dapre sa yo di w
tande n koute n
ou sa konprann nou
pa tann se lè pitit ou chwazi wout sa
pou pase tòj ou sou ou
san ou pa konn ni lalwa ni nou-menm
pou vin defann nou ak tout nanm ou

Respè

Nan jwèt yonn pou tout tout pou yonn nan
fòfè ak katon wouj toujou la pou kwape ekip respè a
antan ekip zam ak vyolans lan ap vale teren
san pèsonn pa soufle awoutsay ni rele gòl ak men

Òlalwa ap veye sou lalwa
deregle sèl mèt règ
san prensip sèl mèt prensip
nou tout pran nan kout fo kòl

Fraksyon respè a pa fouti balanse san rès
afòs mank respè yonn pou lòt lakòz
rès nou pa fouti dodomeya nan lapè
tank jwèt bay kou nan do a pran nanm nou

Restavèk

Lanjelis pankò pwente
non n ap klenwonnen a dwat a gòch
kou sèjan fouye ak kamoken anba men gwo ble

Anba yon fredite sou fèy tach
mele ak tout yon malsite
n annik egziste men nou p ap viv
pwa lou n arimen pankò prèt e prentan
pou wè ak pwa nou jwenn nan ti lasibab
dènye rès yo krache nan kwi nou

Nou kondi ale tounen lekòl
nan wout danje sa k pi gran pase n
kwak nou pa ni lekti ni ekriti
kòm moun fèt pou grandi nou grandi tou
men anwo pa monte anba pa desann

Ak vakans metrès la
lè n kwè n ta rale yon kanpo
pou grenmesi se yon vakans nèf mwa
nou jwenn nan men dirèk la ak kèk pennich

Se dilere sa gran papa n fèt anchennen
nan kay blan sa k devan ou la a
enpi men nou jwenn nou anchennen
nan kay nwa sa ki nan menm lakou a

Si machin nan chanje koulè
men motè l toujou pote menm non
mak fabrik sousoupannan an

Revè

Nou pankò jwe
nou deja konnen
n ap pèdi pou revè
kwak sa nou jwe pi rèd

Sou chak san mil ki mize yonn fè fèt
poutan dekourajman pa pran n
paske nou toujou konsole n
ak pawòl reziyasyon an ki di
ou pa janm konnen

Jwe bay lespwa
nan yon peyi
kote levanjil k ap bay la
chita sou reziyasyon
antan pi fò moun ki chita
sou kouray yo bwè pwa
tank zafè moun pa a
se nannan règ jwèt la

Senmityè

Nan wout sans inik sa a
pa gen santans fòs kote
anba jij foumi ak vè di tè
kit ou te bogota oswa mèsedès

Afòs ka sou ka maten kou aswè
pa gen ale ann apèl
se kite mouche madanm
pikwa pèl ak sab make pa
Mezanmi pa bliye nou tout se pasaje wi!

Simbi

Alèkile tan an chanje
ni Simbi Lasirèn Labalèn
pa mache a tè ankò
sirèn a fè bwi nan zorèy ou
balèn a fin manje je w
men se pa ni Lasirèn ni Labalèn
ou a gen chans kontre ankò
papòt mezi pye bwa fin dechouke
Simbi tonbe nan yon grèv manch long
ki lakòz dènye nan nou ap sibi

Siwolòja

Depi jou ou te fè m konn ki gou myèl
m pa janm sispann viv nan lonbray ou
labrim di swa poko tonbe ale wè pou bajou kase
m an sibemòl pare pou m tande
tout ti non jwèt ki pa janm egziste nan bouch ou

Pèdi nan yon ale vini jouk li jou
chak repons ou se kont pou m ta repati a zewo
jouk ponp siwo myèl pa w kontre ak pa m
pou n pa rive nan pwolongasyon

Podjab lè m fin rive se atò w nan lespas
kote kap ou fèk kannale pran van
tout lèz mwen se gade w
k ap ateri nan yon vitès san mil a lè
kote si m pa krab kò m anba w
se kakas mwen ka rete

Sounami

Anba yon sounami ki pa nan zanmi
nanm volè gagè tankou kòk nan gagè
pou ateri nan peyi solèy pa leve
kote okenn lajan pwès pa kanmarad dèy

Sounami pa nan zafè biwokrasi
bajou ak labrim di swa fè yonn
antan lajan ki pran tan pou konte
ap tonbe nan non sa yo ki tonbe a

Sounami pa konn ni Jan ni Jak
sounami pa nan kanpe tann siyati
kote l frape mak li tache pou lavi

Sounami frape konsyans ni gwo po ni ti po
nan fòse yo pote kole pou rachte nanm yo
douvan yon lamizè y ap bafwe ak gwo teyori

Jou lamizè transfòme l an sounami
se rèl kay Makorèl

Tanbou

Douvan kout tanbou
pa gen anwo
pa gen anba

Douvan kout tanbou
pa gen klas
pa gen ras

Frape tanbou a
frape l
pou m konn kilès ki kilès

Anba kout tanbou
fwontyè kaba
prejije anba dra
tanbou se lang pa m
se pa w se pa nou tout

Tan lanfè

Kanpe m fini
chika w fèk doubout
ale m prale
tan m pa tan w
tan m se te yon tan womans
yon tan ki mande tan
ki pran tan anpil tan
koulyè a kou l cho li kwit
vire tounen w
fè m sonje chante grann Dèt la
fè dèt m a peye fè dèt
podjab mwen
motè m fware
batri m dichaj
pòch mwen tounen lapawòl mwen
adje gad detounasyon m
pito m pa t janm konnen w

Tobout

Jou m tonbe top blip
se bout mwen ki kase
pa kite m pase solèy
ni pran glas ak nèj
met kanson w nan tay ou
pou mennen m nan tobout mwen
kote tobout gen bout mwen
ak nanm mwen nan men l
kon sa lapè li pa wè li pa tande
ata menm lonbray bawon
kouri lwen l ale wè vè di tè
de bra balanse jou yo fin konte

Vodou

Segon boula pankò frape
ale wè pou yo ta pran chè
ayovi tonbe vire kou topi krik
tankou van k ap vante sou blòk lakòt
sa k sèvi ak men gòch kou men dwat
kou sa ki gen de je paske yo te ba yo je
pran trase vèvè pou kwape maletenspri
san lespri yo ki pare pou twoke tèt dènye inosan
douvan tribinal kote mouche foumi ak vè di tè
pa nan paspouki nan bay gwo venn kou ti venn
santans ki pa ekri ak okenn krepin nan okenn lafèy

Nanm ki pran repo samdi kou dimanch
pa sispann mete pye yo nan djo pou evite djo nan je
lè twa prèt pou mare kat douvan sa n pa wè yo
nan dènye lakou ak de bò nan pye pantalon yo

Wont lapè mele ak liyorans pote sèvèl poul
joure vodou a gwoso modo pou pase pou moun
ak soulye douvan ansyen bouwo lakwa
ki pito pou pito se pou yo fè kwa sou vodou a
Se moun yo ye!

Zantray

Lanmè koupe nou yonn ak lòt
listwa matchyavèl separe n
men zantray nou pa sispann kominike
ou pankò di m de mo
m te deja konprann ou
afòs listwa n pa depaman
men wout pou n antann nou an long
ou gade m m gade w kouran an pase
podjab lavaj sèvo fè yonn pèdi konfyans nan lòt
jouk nou kite nenpòt sendenden
apre l soti nan kacho ateri lakay nou
pou vin fè lacharite pou montre bon kè li
afòs nou derefize wete tèt nou nan janm nou

Zo kle

Anba yon tan ki kache solèy ak seren farinay
de lawon lang lou tanmen yon reyinyon bizango
ak yon frè byen fre nan leje fòs a koupe
pou pote ale dènye machin ki anbreye sou djak

Douvan favè ak degouden lonèkte fè bèk a tè
de je kreve rann yo pi tèt rèd pase Toma
menm lè verite a ap benn yo nan de je yo
ki mele yo se David kont Golyat

Batrimann nan ap manjangwe tanbou a
kou bè k ap estoke pou al vann gran jou
sou mòl Sen Nikola anba kout piston
ki fè zòt kanpe rèd kou jibis san mis
antan l ap desann de twa akra
bò kote yon galri ki chaje ak bil

Imel krisifikasyon fè inosan pase pou biza
chak kout lang egal ak yon bèl lèt travay
konsyans yo vann kou sa ki mize fòs yo nan ti albè
san nanm mete ve sou yo kou goudrin a mabi
nan voye imel tanbou de bounda pou sove nanm yo
Ala tray pou moun san yo tounen dlo douvan favè!

Men pwovèb

Anbisyon touye rat
Rat pa janm fè zanmi ak chat
Chat chode nan dlo cho, li wè dlo frèt, li pè
Pè di mès long, men li pa di paradi pou sa
Sa k sere pou ou, lavalas pa ka pote l ale

* * * * * * *

Anvan tiraj tout lotri bèl
Bèl chive pa lajan
Lajan pa janm ase pou fanm
Fanm se kokoye, yo gen twa je, men yo wè nan yon sèl je
Je fon kriye davans

* * * * * * *

Anvan ou envite kanmarad, byen ranje zafè ou
Ou pa touche nèg ki benyen nan gwo dlo
Dlo glase pa revyen tout bouch
Bouch manje tout manje, li pa di tout pawòl
Pawòl twò fon, machwè gonfle

* * * * * * *

Atansyon pa kapon
Kapon gad pase tou lejou lantèman brav
Brav pa konn lannwit
Lannwit long pou nèg ki ann afè
Afè ti nèg se mistè

* * * * * * *

Bèl lantèman pa vle di paradi pou sa
Sa k dòmi ak Jan se li ki konn wonf Jan
Jan chat mache, se pa kon sa li kenbe rat
Rat konnen sa l fè, li mache lannwit
Lannwit long pou moun k ap soufri

* * * * * * *

Bèl kou soulye bèl, a tè pou l mache
Mache piti piti, w a tande lapriyè jouda
Jouda moute kay li nan gran chimen
Chimen long pa touye moun
Moun onèt pa pote mak

* * * * * * *

Bèlmè pa manman, bòpè pa papa
Pa kontrarye danje si twou poko fouye pou antere malè
Malè yon nonm ki mèt
Mèt pa janm anba
Anba levit fè nwa

* * * * * * *

Bonè se pi bon dòktè
Dòktè swayen w, men li pa Bondye
Bondye gen yon sèl krepin pou tout moun
Moun ki swe pou ou, se pou li ou chanje chemiz
Chemiz fen se li ki mande menaje

* * * * * * *

Omega | Jacques Pierre

Byen devan pa byen
Byen mal pa lanmò
Lanmò pa gen ni jou ni lè
Lè ou pran ka sadin, li konprann se vyann li ye tou
Tou lejou papye chanje nan biwo

* * * * * * *

Byen pre pa lakay
Lakay se lakay
Lakay kanmarad pa lakay ou
Ou ale Wòm bèt, w ap tounen bèt
Bèt ki gen ke pa janbe dife

* * * * * * *

Chare chen pa anyen, se tranble janm nan ki tout
Tout moun se moun
Moun grangou pa tande
Tande ak wè se de
De mòn pa kontre, men de kretyen vivan kontre

* * * * * * *

Chen gen kat pat, men se yon sèl wout li fè
Fè koupe fè
Fè tan, kite tan
Tan pare pa di lapli pou sa
Sa k vle fè byen toujou kontrarye

* * * * * * *

Chita pa bay
Bay kou bliye, pote mak sonje
Sonje premye lapli ki te wouze jaden ou
Ou konn kouri, men ou pa konn kache
Kache laverite se antere dlo

* * * * * * *

Chive blanch pa vle di vye
Vye moun pa vye chen
Chen manje chen
Chen griyen dan l, men li pa ri pou sa
Sa k pwomèt bliye, sa k ap tann sonje

* * * * * * *

Depi nan Ginen nèg ap trayi nèg
Nèg di, Bondye fè
Fè chyen byen, pa fè kretyen byen
Byen pre pa di lakay pou sa
Sa kòk di anlè, se pa sa l di a tè

* * * * * * *

Devan pòt tounen dèyè kay
Kay kanmarad pa nan mache
Mache sou pinga pou pa di si w te konnen
Konnen twòp fè krab mouri san tèt
Tèt vwayaje pi vit pase kò

* * * * * * *

Douz metye, trèz mizè
Mizè fè bourik kouri pase chwal
Chwal bon kalite vann dèyè manman li
Li kite kabrit fin pase, se lè sa l ap rele fèmen baryè
Baryè gen zòrèy

     * * * * * * *

Evite miyò pase mande padon
Padon pa geri maleng
Maleng pa janm twò santi pou mèt li
Mèt kò veye kò
Kò gaya chache maladi

     * * * * * * *

Fè kont pa mal, se kenbe kont lan ki tout
Tout bouch fann fèt pou manje
Manje manje m, ban m bèl dan
Dan pa kè
Kè pa gen rid

     * * * * * * *

Fòk ou gen de je pou w bòkò
Bòkò ba w pwen, li pa voye w dòmi nan gran chimen
Chimen lajan pa gen pikan
Pikan pouse nan jaden parese
Parese ak chèz; se pase pran m, m a pase rele w

     * * * * * * *

Omega | Jacques Pierre

Gen towo pase towo
Towo ki begle pa gwo
Gwo pans pa lajan
Lajan pa fè boul nan pòch malere
Malere se dan devan

* * * * * * *

Genyen al ka genyen
Genyen meprize konnen
Konnen pa janm twòp
Twòp lespri fè yon nonm sòt
Sòt pa touye w, men li fè w swe

* * * * * * *

Grenn tonbe, zepi grennen
Grennen chaplèt pa di genyen lafwa
Lafwa pa vann nan mache
Mache bobis pa vle di danse
Danse byen pa difisil, se fè piwèt ki kichòy

* * * * * * *

Gwo non tiye ti chen
Chen ki gen bon dan se pa li ki jwenn bon zo
Zo poul pi bon pase bwa dan
Dan ri malè
Malè pa mal

* * * * * * *

Gwo tèt pa lespri
Lespri bon anpil, men pridans pi bon
Bon pa sòt
Sòt se leta
Leta se wòch nan dlo

* * * * * * *

Je wouj pa boule kay
Kay kanmarad se pa kay pa ou
Ou fòse bourik janbe dlo, men ou pa fòse l bwè dlo
Dlo ki pi poze se li pou pè
Pè pa sen

* * * * * * *

Jistis Bondye se kabwèt bèf
Bèf dèyè bwè pi bon dlo
Dlo sale pa anpeche larivyè kouri
Kouri pou lapli tonbe larivyè
Larivyè avèti pa touye kokobe

* * * * * * *

Kaplata pa rich, kouman li kapab bay chans
Chans kokoye genyen, palmis pa genyen li
Li pito touye yon blan pou leve yon nèg
Nèg sòt monte chwal li douvan dèyè
Dèyè l won, li vle pete kare

* * * * * * *

Konplo pi rèd pase wanga
Wanga pa sèvi jou malè
Malè ou mande pou bèlmè w, se manman w li pran
Pran asosye, se pran mèt
Met a jenou pa anyen, se konn di lapriyè ki tout

* * * * * * *

Koko pa gen zorèy, kouman l fè tande bwi lajan
Lajan se san
San se san
San payas nanpwen komedi
Komedi ka voye yon nonm bwè chat

* * * * * * *

Kòstim kabrit pa antre sou bèf
Bèf la tonbe mal, kòche l mal
Mal me ranje jen
Jan ou ranje kabann ou, se kon sa w dòmi
Dòmi pa konn mizè

* * * * * * *

Konnen twòp fè krab mouri san tèt
Tèt voye pye tout kote
Kote ki gen chenn nanpwen kou
Kou pikan pike kabrit, li mache bwòdè
Bwòdè fè krab pèdi twou l

* * * * * * *

Lanmè pa sere kras
Kras pa bay
Bay kou bliye, pote mak sonje
Sonje, ou pa bay chen kanson, ou pa ka veye chita li
Li midi, blan an pa wè

* * * * * * *

Lajan yon nonm ki di l verite
Verite rete nan fon pi
Pito w mize nan wout, ou pote bon konmisyon
Konmisyon pa chay
Chay soti sou tèt, se sou zepòl l al tonbe

* * * * * * *

Lakataw fè taw, nan Ginen tande
Tande ak wè se de
De zòm mouye lapli, gen yonn ki pi mal
Mal tande fè kont
Kont jodi, esplikasyon demen

* * * * * * *

Lavi se grenn a chen, se pa dèyè l gade
Gade pa boule je
Je wont je
Je se fenèt kè
Kè se kòf bouch

* * * * * * *

Omega | Jacques Pierre

Machann nan mache toujou gen de mezi
Mezi lajan w, mezi wanga ou
Ou pa k ap sèvi pè pou kite pitit ou mouri chwal
Chwal konn longè kòd li
Li pa janm twò ta pou chat soupe

* * * * * * *

Manjèdze pa konn doulè manman poul
Poul pa janm ale nan bal ak malfini
Malfini pa jwenn poul, li pran pay
Pay te di pase sa, matla kouvri li
Li si tèlman pè, grenn pitimi pase l

* * * * * * *

Manje dan, di priyè ou
Ou konn gloriya se Panyòl
Panyòl sou do kay
Kay koule ka twonpe solèy, men li pa ka twonpe lapli
Lapli pa touye fòs piman

* * * * * * *

Magrit pa pote siwo chak jou
Jou w pare, ou pa kontre ak bèlmè ou
Ou fè timoun, ou pa fè santiman timoun
Timoun pa ti chodyè
Chodyè ou pa monte, ou pa desann li

* * * * * * *

Malè kwaze ak sa k mache prese
Prese bon, dousman bon
Bon san pa kapab manti
Manti kouri san lane, verite kenbe l yon jou
Jou fèy tonbe nan dlo se pa jou l pouri

* * * * * * *

Malè pa gen jou
Jou w an devenn, lèt kaye kase tèt ou
Ou pa chen m, m pa ka mache san baton
Baton ki nan men w, se ak li ou pare kou
Kou vant chat plen, latche rat anmè

* * * * * * *

Mennen koulèv lèkòl se yonn, se fè l chita a ki tout
Tout voum se do
Do laj pale pou grenmesi
Grenmesi bosi ki fè sòt batize fiyèl
Fiyèl mouri, konmè kaba

* * * * * * *

Merite pa mande
Mande vakabon sa l manje, pa mande l sa l konnen
Konnen ki di, konnen ki fè
Fè tan, kite tan
Tan pa tann pèsonn

* * * * * * *

Moun ki mache nannwit se li ki kontre ak djab
Djab pa janm bay pou grenmesi
Grenmesi chen se kout baton
Baton ede pye
Pye kout pran devan

* * * * * * *

Tete pa janm twò lou pou mèt li
Li pa janm twò ta pou vin moun
Moun afre wont
Wont pi lou pase sak sèl
Sèl pa janm vante tèt li di l sale

* * * * * * *

Moso Bondye moso sòlòkòtò
Sòlòkòtò pa anpeche gal leve
Leve anwo pye pa kouri dèyè maladi
Maladi ranje dòktè
Dòktè pa janm trete tèt li

* * * * * * *

Nesesite pa nan bèzè
Bèzè pa vle di kapab
Kapab pa soufri
Soufri jodi, delivrans demen
Demen gen pa l

* * * * * * *

Omega | Jacques Pierre

Nou di bonjou, men nou pa bo pou sa
Sa ki rive kakalanga a ka rive koukouloukou
Koukou fè lareverans paske l pè wòch
Wòch ki nan dlo gen mizè pa l tou
Tou manti pa fon

* * * * * * *

Pa manje lajan Chango pou l pa mande w regleman
Regleman pa gate zanmi
Zanmi lwen se lajan sere, zanmi pre se kouto de bò
Bò tèt joumou an se pou tèt kay la wi
Wi pa monte mòn

* * * * * * *

Pa konnen pa al ni lajistis ni nan prizon
Prizon pa fèt pou chen
Chen grangou pa jwe
Jwe ak makak, men pa manyen ke li
Li se kiyè bwa, li pa pè chalè

* * * * * * *

Pa janm pale lougawou mal devan moun
Moun pa achte chat nan sak
Sa k nan vant ou se li ki pa ou
Ou p ap janm pare
Pare pa pare, lantèman pou 4 è

* * * * * * *

Pati bonè pa di konn chimen pou sa
Sa k a tè se pou chen
Chen ki manje ze, se ze pou l toujou manje
Manje kwit pa gen mèt
Mèt a kabrit mande kabrit, plenn pa plenn se pou w bay li

* * * * * * *

Pi bon gad kò se je
Je pran kou, nen kouri dlo
Dlo ou pa pè, se li ki pote w ale
Ale nou lèd, vini nou bèl
Bèl bonjou pa voye nan mache

* * * * * * *

Pa gen moun pase moun
Moun kache w manje, men yo pa kache w moso pawòl
Pawòl anpil mennen kont
Kont fini, wont rete
Rete trankil se lafrèch a kò

* * * * * * *

Pitit fi fè ou rive bobo menm kòchon
Kòchon kite « houm » pou gason
Gason se vyann pou fanm
Fanm se dra
Dra pa jete w, ranyon jete w

* * * * * * *

Pitit tig se tig
Tig vye, men zong li pa vye
Vye manman pare pou zepina,
        zepina pare pou vye manman
Manman poul grate jouk li jwenn ak zo grann li
Li chita sou tchwi, l ap pale bèf mal

* * * * * * *

Pito sa pase malgre sa
Sa ou pa konnen pi gran pase ou
Ou gen lajan, ou gen fanm
Fanm pou yon tan, manman pou tout tan
Tan ale pa tounen

* * * * * * *

Pito lakwa al kay zanmi, li pa al lakay ou
Ou pa janm konn kote dlo soti
        pou l antre nan bwa joumou
Joumou pa janm donnen kalbas
Kalbas gran bouch pa kenbe dlo
Dlo sal pa anpeche larivyè kouri

* * * * * * *

Pwofi kreve sak
Sa k pa touye angrese
Se de bon ki fè bonbon
Bon pye sove mèt li
Li se kaka bèf, anlè l di, anba l mou

* * * * * * *

Rakonte se vann, plenyen se mande
Mande pa vòlè
Vòlè pa janm vle wè vòlè parèy li
Li frekan kou pòt prizon
Prizon pa janm vid

* * * * * * *

Renmen tout pèdi tout
Tout vye vis se pou malere
Malere pa chen
Chen pa janm mòde pitit li jouk nan zo
Zo ou wè nan gran chimen, se vyann ki te sou li

* * * * * * *

Reskonsab pa gen gwo vant
Gwo vant pa lajan
Lajan al kay lajan
Lajan sere pa fè pitit
Pitit moun, se benyen yon bò, kite yon bò

* * * * * * *

Se manman ki mouri pou pitit
Pitit se richès malere
Malere se dan devan
Devan grinbak pa gen fè bak
Bab kanmarad ou pran dife, mete pa w alatranp

* * * * * * *

Si pa t gen sitirè pa ta gen vòlè
Vòlè pa janm genyen pase mèt
Mèt do pa grate do
Do bosi pa basès
Basès antere fyète

* * * * * * *

Se kòlonn ki bat
Bat chen an tann mèt li
Li pa janm twò ta pou chen fou
Fou devan, dèyè pa konnen
Konnen miyò pase genyen

* * * * * * *

Se lavèy fèt pou konn si fèt la ap bèl
Bèl dan pa di zanmi pou sa
Sa kòk di anlè, se pa sa l di a tè
A tè miyò pa w ki di w laverite
Laverite ofanse

* * * * * * *

Se nan mennaj ou konn bon fanm
Fanm chanje menm jan ak tan
Tan ranje tout bagay
Bagay pare pa gen mèt
Met pye w sou chen, w a konn si l gen dan

* * * * * * *

Si krapo te bon vyann, li pa ta mouri bò lanmè
Lanmè pa sere kras
Kras pa bay
Bay fè konmisyon, se pye w ki poze, men kè w pa poze
Poze san w pou pa kite san w dèyè

* * * * * * *

Soufle sou pousyè pou bwè dlo
Dlo ki chita pa gwo
Gwo bounda pa pilon
Pilon fouye nan bwa, men se nan kay yo sèvi avè li
Li ak ekri pa di save pou sa

* * * * * * *

Sòt ki bay enbesil ki pa pran
Pran douvan pa anyen, se konn wout la ki tout
Tout koukou klere pou je ou
Ou montre makak voye wòch pou l kase tèt ou-menm
Menm nan lanfè gen moun pa

* * * * * * *

Ti bwa ou pa wè se li ki kreve je ou
Ou pa ka achte lapè ak wòch
Wòch nan dlo pa konn doulè wòch nan solèy
Solèy kouche, malè pa kouche
Kouche lajan w pou demen pa mande w regleman

* * * * * * *

Omega | Jacques Pierre

Tanbou fouye nan bwa, se lakay li vin bat
Bat men ki ankouraje chen
Chen cho pran kou
Kou rat anvi mouri, li pran gran chimen
Chimen lwen, gonbo di

* * * * * * *

Tanga pi rèd pase rad
Rad pa janm fè moun
Moun sèvi w, men li pa chen pou sa
Sa se twòkèt la, chay la dèyè
Dèyè do se nan Ginen

* * * * * * *

Vant plen pa gwòs
Gwòs pa richès
Richès pa bonè
Bonè se pi bon kanmarad
Kanmarad fè lapenn

* * * * * * *

Yo enskri non moun, yo pa enskri pye yo
Yo pa janm di defen kapon
Kapon antere manman l
Li se Toma, li kwè lè l wè
Wè jodi a, men sonje demen

* * * * * * *

Yo di w non, ou di fòk
Fòk ou konn manje pawòl pou gen zanmi
Zanmi ankouraje w tann manje, men li pa
      mache avè w lannwit
Lannwit long pou moun ki nan nesesite
Nesesite pa konn bon ras

* * * * * * *

Zafè kabrit pa zafè mouton
Mouton mouri san pale
Pale mal se manje zòrèy
Zòrèy pa fèt pou pi long pase tèt
Tèt k abitye mete chapo, se chapo l ap toujou mete

* * * * * * *

Zafè nèg pa janm piti, se janm kanson l ki piti
Piti ki mennen gwo
Gwo bounda pa vle di lasante
Lasante se richès
Richès pa suiv kòbiya

* * * * * * *

Zanmoure se dan ak lang
Lang pa lanmè, men li ka neye ou
Ou pa ka fè san sot nan wòch
Wòch ki woule pa ranmase kras
Kras fè w manje dwèt pous ou

* * * * * * *

Zegwi travay, zepeng ale nan maryaj
Maryaj pa revyen tout moun
Moun ki pa manje pou kò l pa janm grangou
Grangou pa gen larezon
Larezon pa pou lafanmi, se pou balans li ye

* * * * * * *

Ki mele pis ak grangou chen
Chen ki gen zo nan bouch li pa gen zanmi
Zanmi mache kay zanmi
Zanmi pa kwoke sou pye bwa
Bwa pi wo di l wè,
      grenn pwonmennen di li wè pase l

* * * * * * *

Tout sa k sot nan bouch te nan kè
Kè plenn, bouch babye
Babye malfini, babye ti poul
Ti poul pa mande plim, li mande lavi
Lavi se kòd sapat, ou pa ka konte sou li

* * * * * * *

Se soulye ki konn si chosèt gen twou
Twou tout moun fouye
Fouye zo nan kalalou bay remò
Remò manje kè
Kè glise pa kenbe pawòl

* * * * * * *

Lanmou pa sèlman bèl pawòl
Pawòl fonde ti bouch
Bouch gramoun santi, men pawòl li pa santi
Santi bon koute chè
Chètout fè gason pantan

Liv *Classic Editions* pibliye deja:

1. de France, Marie; Hebblethwaite, Benjamin and Jacques Pierre (eds.). 2001. *Pyebwa frenn nan.* Tradiksyon kreyòl powèm sa a: *Le Fraisne.* Bloomington: Edisyon Klasik.

2. Hebblethwaite, Benjamin and Jacques Pierre (eds.). 2005. *The Gospel of Thomas in English, Haitian Creole and French.* Gainesville: Classic Editions.

3. Rimbaud, Arthur; Hebblethwaite, Benjamin & Jacques Pierre (eds.). 2009. *Une saison en enfer / Yon sezon matchyavèl.* Gainesville: Classic Editions.

4. Defoe, Daniel; Desmarattes, Lyonel & Benjamin Hebblethwaite (eds.). 2012. *Woben Lakwa: Robinson Crusoe in Haitian Creole.* Gainesville: Classic Editions.

5. Pierre, Jacques. 2012. *Omega.* Gainesville: Classic Editions.

CPSIA information can be obtained at www.ICGtesting.com
Printed in the USA
LVOW06s1027200414

382452LV00001B/12/P